일흔일곱 그리고 열여섯

이수종 시집

문운당

작가의 말

제1집을 낸지 열 한해
그동안 써온 560여 편 중에서 77편을 고르고 다시 16편을 보태 이 책(제10집)을 출판하게 되었습니다.

여기에 실은 이야기들은 그냥 지나칠 수 있는 사소한 일상사이긴 해도 그 속에 담겨진 아픔과 슬픔 그리고 아름다움이 있었기에……

미숙한 글재주로 나의 생각이 제대로 전달될 수 있을까하는 염려가 앞섭니다.

2020년 어느 봄날

▌차 례

첫•번•째•이•야•기

지난날을 뒤돌아보며

방황 /11
시골 장터 /12
가야국의 여인 /13
회상 /14
고인돌 /16
허수아비 /17
피막골 /19
대장장이 /20
오지그릇 /21
고수鼓手 /23
병막病幕 /25
끼氣 /27
고택古宅을 지키는 사람들 /29
자치기 /30
해갈 /31
고향 /32
살풀이 춤 /33
스승 같던 벗 /34
난전亂廛 /35
협곡열차 /37
그 시절의 변소 /39

40/ 봄이 오는 강둑에서
41/ 들꽃이라서 더 아름답다
42/ 민들레
43/ 어떤 자연인
45/ 자유인
47/ 다리 밑 걸인
49/ 혼사
51/ 똥배
52/ 차와 낭만
53/ 아기의 웃음
54/ 사투리 여행
55/ 머슴살이
58/ 매축지 사람들
60/ 어느 어촌 아낙네
62/ 상봉
64/ 신판 마실
65/ 한심한 사람들
68/ 금강송金剛松
69/ 산
71/ 아름다워라
72/ 그림 한 점의 추억
74/ 섬나라 자연인
76/ 전차
78/ 친구
80/ 절밥
81/ 문수암
82/ 운문사 사리암邪離庵

불영사佛影寺 /84
비구니 /85
대원사 가는 길 /86
다솔사多率寺 역 /88
성전암 가는 길 /90
명부 /91
낙동강 하구 /96
불모산佛母山 /98
자갈치 /100
노루재 가는 길 /102
회룡포回龍浦 /103
백운포 /104
구룡포九龍浦 /106
미포(海運臺) /107
운문령 /108
송도 해수욕장 /109
청산도의 봄 /110
순천만 갈대밭 /112
주상절리 파도 길 /114
곰배령 /115
감내 마을 /117
시장 통 사람들 /119
우암동 소막사 /121
소래포구 /123
외양포 /125
두타연頭陀淵 /127
완월동玩月洞 /128

129/ 포푸라마치
130/ 누가 이 사람을

두•번•째•이•야•기
봄비 그친 뒤 따스한 햇살이

133/ 찻잔 속의 봄
134/ 고향 실개천
135/ 봄을 기다리는 마음처럼
136/ 소찬
137/ 한해가 저무는 때에
138/ 숲길을 거닐며
139/ 귀여운 거짓말
140/ 경주를 가다
141/ 고찰 너마저
142/ 서글픔
143/ 어떤 죽음
144/ 산사의 목탁
145/ 순애
146/ 남벌
147/ 아침
148/ 미망

첫•번•째•이•야•기

지난날을 뒤돌아보며

방황

산은 그저 산일 뿐이라지만
산이 좋아 산을 찾아
산에서 산을 헤맨다

산은 온데간데 없고
바람만 반겨준다

난 어디로 가야할꼬

사방을 둘러보니
눈에 잡히는 건
옹기종기 둘러앉은 봉우리들뿐
저들끼리 도란도란 날 본체만체 한다

여보게들 미안 하이 길 좀 가르쳐 주시게

시골 장터

아침부터 시끌벅적 오일장이 선다
생선, 건어물, 채소, 토산품土産品에
여름이라 수박, 참외, 풋과일도 한몫 거든다

해가 중천에 오면
금강산도 식후경 장국집이 부산하다

파장 때쯤 찾아온 장타령 군
동냥은 뒷전이고
한 곡조 뽑아내는 각설이 타령 정겹기만 하다
어물전 생선장사 육자배기는 또 어떻고

해는 서산에 뉘엿뉘엿
두어 순배 걸친 중늙은이 갈지자 걸음걸이에
하루가 간다

가야국의 여인

순장殉葬의 한을 안고
긴긴 세월을 훌쩍 건너
이제야 나타난 비운悲運의 여인

관습이라는 굴레를
비켜갈 수 없는 숙명으로 받아들여야만 했던 그녀

두려움에 몸서리를 치다
서럽게 울었던 처절했던 순간도 잠시 잊은 듯
담담히 우리들 앞에 섰다

키는 작아도 팔등신八等身이란다
화사하지도 않는 은은한 자태
슬픔을 머금은 눈망울이
외려 아름다워서 처연하다

그동안 무슨 생각을 했을까

회상

빤히 보이는 지척인 데도
통통배로 한 시간이나 걸리던 뱃길
비바람이라도 세차게 불면
그마저 발이 묶여 하늘만 보았다

오랜만에 친정 온 딸이 애처로워
하루만 더 자고 가라는
어머니의 애틋한 심정을 모르는 바 아니지만
집에 두고 온 꼬맹이가 눈에 밟혀
아침을 뜨는 둥 마는 둥 선창船艙으로 향했다

먼 길을 돌고 돌아온 그를
낯선 산과 귀퉁이가 잘려나간 바다가 맞는다
힐끗 올려다 본 하늘은 옛 그대로다

창틀을 비집고 들어온 바람이
쉴 새 없이 얼굴을 때린다
어느새 반백으로 변한 머리칼을 연방 쓸어 올리며

덧없이 지난 세월의 수를 세며 옛 생각에 잠긴다

차창에 비친 흐릿한 모습은
반복된 삶에서 오는 나른함도
채워지지 않는 빈 공간의 허전함도 아니라고
가볍게 도리질을 친다

차는 덜컹거리며 달린다

고인돌

편안히 잠든 지 수 천년
돌이라고 하기엔 여간 너르지 않다

철모르는 아이들 한바탕 뛰고 굴리고 놀다 가면
그 다음엔 동네 안 노인네들 차지

디딤돌까지 놓고 오르내렸으니
얼마나 기氣가 차고 황당했을까

무지한 소치일까 무식한 행동일까
그건 그래도 약과다

돌집 부수려다 비명非命에 간 사람도 있었다던데
우연일까 분노일까
횡사橫死한 그가 측은해 지기도 한다

이집 주인의 숨겨진 비밀은
아직 아무도 모른다

허수아비

허수아비의 아비 그 아비의 먼 조상祖上에서 시
작된 들녘의 파수把守꾼

짚단으로 몸을 받고
걸친 옷이라곤 해진 넝마다
내다버린 밀짚모를 주워 쓰고
한껏 멋을 부린다

부리부리한 큰 눈
귀는 말할 것도 없고 눈썹도 없다
듬성듬성 돋아난 수염
코는 비뚤어지고
위로 찢어진 입으로 어허허 웃기만 한다

비울 수 없는 자리
어쩌다 비(雨)라도 내리는 날은
속절없이 흠뻑 젖을 수밖에

아무도 찾지 않는 느지막한 오후
어디선가 찾아온 반가운 손님들
재자거리는 소리에 졸음이 비켜간다

그것도 잠시
겁 없이 어깨에 앉아 노닥거리다가
약속이라도 한 듯 훌쩍 가버린다

어허 이놈들 좀 더 있다 가면 누가 잡아 가기라도 하나
다시 오기만 해봐라 내 그냥 두나
못내 서운한 모양이다

겨우 한 두 철로 끝나는 주어진 운명
다가올 가을걷이를 생각하며
외로움을 털어내려 마냥 웃어댄다

피막골

이날따라 왠지
무겁기만 한 발걸음
달구지도 떼고
멍에까지 벗었는데도

뚜벅뚜벅 걷다
갑자기 뻗대기를 한다
앞을 가로막는 양철지붕의 막사幕舍

우~ 우~ 울부짖다 체념한 듯
녀석의 눈에 눈물이 고이고
머슴은 애써 눈길을 피한 채
먼 하늘을 본다

대장장이

풀무질을 할 때마다
뿜어 나오는 뜨거운 열기熱氣
헉헉 숨이 막힌다

성냥 간 사람들의 다부진 근육질
사방에 널려 있는 잡동사니들
바쁜 일손에 망치도 신이 난다

집게에 잡힌 쇠붙이가
몇 번 화덕 속으로 들락날락
낫도 호미도 쇠스랑도 안 되는 게 없다

쇠를 떡 주무르듯 한다

오지그릇

흙에서 태어났어도
흙으로 돌아가지 못하는 태생적胎生的 운명運命

물레로 모양을 빚고
그늘에서 물기를 털어낸 후
오짓물에 곱게 담가 옷을 입힌다

가마 속 불길은 춤을 추고
도공陶工은 잠도 거른 채
세상 밖으로 나올 그들을 기다린다

잔해殘骸를 남긴 탁탁거리던 장작불
멎어버릴 것 같은 숨소리
시간은 멈추어 버리고……
기대와 두려움이 교차하는 순간이다

한 탯줄에서 태어난 그들
우아優雅한 빛깔도 매끈한 피부도 아니다

인고忍苦의 시간이 낳은 투박함
그건 그들만이 갖는 아름다움이어라

고수 鼓手

둥둥 딸그락 딱딱
쇠가죽통 속에 갇힌
애절한 울음을 쏟아낸다

연자방아 도는 건가
넘어질 듯 넘어질 듯
여태 보지 못한 현란眩亂한 몸짓이다

신명이 난 구경꾼들
덩더꿍 덩더꿍 어깨춤을 추고

북과 함께 살아온 지 수십 년
어쩔 수 없는 세월의 무게에 눌려
북채를 잡은 손은 흔들리고

예전 같지 않는 몸놀림에
감출 수 없는 초조함이 고깔 속에 묻어난다

못 다한 얘기를 다 하려는 듯
힘껏 두드린다
둥둥 딸그락 딱딱

병막 病幕

방구산 자락 양지 바른 곳
이름도 성姓도 숨긴 채
천령天令을 어길 수 없어
세상과 동떨어져
외롭게 살아야만 했던
남정네와 그를 따라온 아낙

이른 아침 까치가 울어대면
뉘라도 올 듯한데
온종일 찾아오는 손님 없었어라

모두가 그들을 멀리했고
아이들은 영문도 모른 채 피해 다녔다
그곳은 세상 속의 절해고도絶海孤島
피리개울을 사이에 둔
지척이었는데도

언제 인가 천형天刑을 유예 받고

짐을 꾸렸다
집은 폐가廢家가 되고
사람들은 떠난 그들을 잊었다
아무도 모른다
그들이 간 곳을
까치는 알고 있었으리라

끼 氣

어느 날 흘러들어온 사당寺黨패

억누르고 살아야만 했던 자학自虐의 순간순간들
설렘과 두려움이 교차하는 갈등葛藤
밤새도록 뒤치락대며 잠을 설쳤다

그는 행세行勢하던 알만한 집안의 새댁이었다
감출 수 없는 태생적胎生的 본능本能
조신操身하지 않은 행동에 집안 어른들 혀를 찼다

가문家門과 체통體統이라는 인습因襲의 굴레를 벗고
반상班常으로 구분된 신분身分마저 내려놓았다
잠행潛行 그리고 가출家出

문중門中의 분노憤怒는 극極에 달했고
삭적削籍의 무거운 형벌刑罰로 그와 연緣을 끊었다

그가 놀이패를 따라나선 건 그렇다고 해도

남은 가족은 그에게 어떤 의미意味의 존재였을까

남의 흉은 사흘이라 했는데
입소문을 타고 전해지다 끊긴 그의 행적行蹟과는 달리
그를 향했던 비난非難과 정제整齊되지 않은 독설毒說
오랫동안 세인世人들의 입방아에 오르내렸다

흥興과 한恨을 넘나던 신명
그것이 그가 갈망渴望했던 삶의 가치價値였는지도
모른다

고택古宅을 지키는 사람들

수거住居의 개념概念을 넘어
한 문중門中의 숨결이 깃든 공간
잇고 이어가는 전통傳統의 맥脈
조명照明되지 않은 종부宗婦들의 애환哀歡이 서려있다

세상은 엄청 빠르게 변모變貌하고
변화의 흐름은 이곳 고택의 담장도 넘었다
그건 도도滔滔하게 흐르는 물결이어라

왠지 늦가을 같지 않게 한기寒氣마저 든다
주인장主人丈의 얼굴에 살짝 스치는 옅은 그림자
결코 날씨 탓만은 아니리라

자치기

양쪽이 나란토록 뾰족하게 깎은
어른 한 뼘 남짓한 손가락 굵기의 나무막대

땅바닥에 쪽배모양의 작은 구덩이를 파고
이걸 비스듬히 걸치면
계집애의 부끄러운 곳과 흡사하게 닮는다

진지한 표정과는 달리
두 뼘 반 정도의 꼬챙이로 툭 건드려
튈 때 힘껏 치고 쌓인 답답함을 날려 보낸다

성性에 대한 이야기조차 금기禁忌로 여기던 때
사내아이들이 즐겼던 그들만의 놀이

다 큰 녀석들의 의미심장意味深長한 웃음에
뭔지도 모르면서 덩달아 따라 웃고……

해갈

하늘이 구름을 모으더니 가뭄으로 애태우던 메마른 땅에 많은 비를 뿌린다

푸석푸석하던 흙이 스며든 빗물로 질퍽거리고
도랑엔 물이 흐른다

함박웃음으로 도배가 된 아낙의 얼굴
얼마나 기다렸던 단비였던가
옷 젖는 줄도 모른다

늦기는 하다만
누렇게 타들어가던 밭작물이 생기를 되찾을 것 같다

고향

늦더위가 물러나고
서리가 내리더니
가을은 이미 우리 곁으로 왔다
드문드문 구름이 끼어 있기는 해도
그런대로 맑기만 하다

야트막한 산을 깎아 도랑을 메우고
사통오달 길을 내어
작은 시골 마을을 도시로 바꾸어 놓았다
다른 건 다 변해도
하늘만은 그대로다

마음속에 담아둔
내가 자란 고향의 모습은 아니더라
어릴 적 뒷동산에 올라
또래들과 어울려
철없이 쏘다니던 그때가 마냥 그립다

살풀이 춤

수조水草처럼 흐느적거리다가
일진광풍一陣狂風이 몰아치기도 한다

알 듯 모를 듯
그미의 입가에 스치는 엷은 미소
그건 소리 없이 흐느끼는 울음이어라

빙빙 돌 때마다 바람을 몰고
무악巫樂 장단에 맞춰 춤을 춘다

몸놀림이 멈추어지고
꼬인 자락이 스르르 풀릴 때
타고난 태중흉살胎中凶煞 구름 되어 흩어진다

스승 같던 벗

시은市隱, 그가 떠난 지 어언 세 해
나를 벽온碧溫이라 불러주고
돌아올 수 없는 먼 길을 떠났다

포탄砲彈이 빗발치던 이역만리 월남越南에서
죽을 고비 넘기기를 여러 차례
부상負傷으로 인한 고통은 참고 살아도
전우를 잃은 참담했던 그날은 잊을 수가 없다고
했다

"또 그래쌌는다"
인정과 배려가 넘치던 말이다
참 교육자教育者요 학자學者였던 고故 김쾌덕 교수
그가 문득 생각이 난다

난전 亂廛

어둑어둑한 새벽
날이 밝으려면 아직도 한참 있어야 한다

봉돌을 매단 것 같이 처지는 눈꺼풀
초겨울 찬바람이 옷 속을 파고든다

차비라도 아끼려 일찌감치 나왔단다 피곤도 접고
전廛이라고 해야 고작 세 홉合도 안되지만
그는 그게 그렇게 좋을 수가 없다고 했다

밑천 불어나는 재미도 쏠쏠하단다
처음엔 기어들어가는 소리에 얼굴도 못 들더니
이젠 장사꾼이 다 되었다

여긴 정찰제正札制가 통하지 않는 곳
몇 백 원도 안 되는 걸 갖고 실랑이가 벌어진다
아예 그만큼 덤으로 줘 버리는 것이……

그가 이 바닥에서 터득한 건
밑지고 판다는 것도 거짓말이지만
에누리 없는 장사도 없다는 거다

협곡열차

철암역을 출발한 3량의 관광열차
황지 연못에서 발원한
천삼백 리 물길과 만난다

철거덕철거덕
계곡을 따라 달리는 철마의 발굽소리
벼랑길인가 했더니
어느새 터널 안이다

속살을 들어낸 강은 구름을 담고
병풍을 두른 듯 암벽이 길을 막아서는데
바위 틈새에 끼인 소나무 몇 그루가 아슬아슬하
게 곡예를 한다

달리던 열차가 멈추더니
잠깐 내렸다 쉬어 가잔다
길쭉하게 열린 하늘
그 아래 승부역
쏟아져 나온 사람들로 북새통이다

강을 끼고 달린 철길 자그마치 칠십 여리
곧 분천역에 닿는다

그 시절의 변소

차가 들어가지 못하던 골목길
새벽 곤하게 잠든 시간
뒷간 푸라고 고함을 지른 뒤
온 동네를 떠들썩하게 휘 젓고는
똥바가지로 퍼 담은 꽉 찬 똥통
등 지게에 끼운 작대기 양쪽에 매달고
뒤뚱거리며 나르는데
출렁거려도 흘리지 않는 것이
가히 신기에 가까웠다
북청 물장사가 보았다면 뭐라고 했을까

봄이 오는 강둑에서

겨우내 움츠렸던 어깨를 펴고
오는 봄을 맞는다

매화가 꽃망울을 터뜨리자
노거수 느티나무도 기지개를 편다
매섭게 몰아치던 강바람도 고분고분해졌다

해가 서산으로 기우는데도
낚싯대를 드리운 채 강둑에 쪼그리고 앉은 태공
한나절도 짧은지 일어날 줄 모른다

강물이 흘러가듯
스치고 지나가버릴 봄날이 아쉽기만 하다

들꽃이라서 더 아름답다

아무도 찾지 않는 외진 산속
눈 덮인 땅 속에서 겨울을 나고
밝은 햇살을 안으려 비집고 나왔구나
한 떨기 꽃을 피우기 위해
어렵사리 가녀린 몸을 키운다
인고의 세월을 거쳐
늦가을 느지막이 핀 이름 없는 들꽃
흔적마저 남김없이 진다해도
오랜 기다림과 시련을 이겨낸
개화의 기쁨
그걸 어디 비할까

민들레

긴 목에 방울을 달았다
봄 가고 여름 끝나는 날
솔솔 부는 바람을 타고
관모冠毛는 나풀나풀 여행을 한다
가는 곳마다 둥지를 튼다
담벼락에도
길가에도
논두렁에도

어떤 자연인

그는 산에 사는 산사람
산속에 묻혀 산지 어언 십 년

고스란히 안고 살 수밖에 없는
잊어버리고 싶은 지난 시간들
담담히 들려주는 말 속에
진한 아픔이 배어 있다

밤이 되면 들리는
바람소리
물소리
산짐승 우는 소리
세월이 흐른 뒤 늦게야 알았단다
그건 모두 함께 살아 갈 소리라는 것을

처음엔 낯설고 막막하기도 했지만
이젠 정이 들어
산을 두고 떠날 수가 없단다

호방하게 껄껄 웃긴 해도
얼굴에 스치는 외로운 그림자
그건 어쩔 수 없나 보다

한때는 세상이 원망스럽기도 했다지만
지금은 아니란다
오늘도 묵묵히 산을 지킨다

자유인

추적추적 비가 내린다
마주앉은 모자
“이것아! 집으로 가자”
“가자 응 아들아!”
울먹이며 애원을 하는 데도 묵묵무언
때에 절은 누더기에 봉두난발
몰라보게 변한 영락없는 상거지다

그에게 집은 시골 장터의 가설가게
가마니때기로 대충대충 막아 겨우 비바람만 피하는 정도다
오일장이 설 때마다 잠시 이사를 한다

밖에 세워둔 검정색 외제 승용차
신기한 듯 바라보는 동숙자들
지들과 같은 처지인 줄 알고 있었는데
묘하게 겹치는 부러움과 실망 애써 감춘다

집을 나온 지 어언 몇 해
아들하나 잃었다고 여기라는 한마디
얼마나 기가 찰까
바깥까지 들려오는 장탄식 소리

그 때 그 자리엔 대규모 상설시장이 들어서고
한 가족의 가슴 아픈 사연을 기억하는 사람 아무도 없다
바쁘게 살아가는 사람들에겐 관심 밖의 일인지도 모른다

다리 밑 걸인

나이를 가늠할 수 없는 얼굴

방탕하고 문란했던 지난날
동정 받지 못할 몹쓸 병에 걸려
눈도 멀고 코마저 녹아버린 늙은 비렁뱅이
어디 그것뿐이었을까
천형보다 더한 실형
그건 고스란히 안고 가야 할 자신의 업보

한때는 부잣집 아들이었다나
일그러진 그 얼굴로 가족보기도 그렇고
동네 나다니기가 부끄러워
여기저기 떠돌다 머문 데가 이곳

작대기에 반합을 달고 아침마다 문전걸식
골목길은 물론 좀 산다는 집 제사는 다 꿰고 앉
았다

사시장철 쉬지 않고 흐르는 개울
아낙네들 물 방망이 두드리며 웃고 떠드는 소리
아이들은 방천에서 뛰놀고
간간이 덜컹거리며 소달구지가 지나간다
그전에는 느끼지 못했던 다리 밑 움막에서 듣는
사람 사는 소리

어느 날 폭우를 몰고 온 태풍에 낡은 다리는 내
려앉았고
보금자리를 잃어버린 코뱅이영감 어디론가 떠났다
그 후로 그를 보았다는 사람 없다

그는 우리에게 반면선생半面先生이라는 좋은 교훈
을 남기고 갔다

혼사

(1) 노처녀의 결혼

그가 짝을 찾으면서
노처녀란 꼬리표를 뗐다

일에 파묻혀 산지 수십 년
오직 그것만이 인생의 전부인 줄 알았단다

앳된 얼굴은 세월을 비켜갈 수 없어
어느새 눈가엔 부채 살이 잡히고
독신주의에 대한 회의로 밤잠을 설쳤다

어느 날 나타난 남은 인생의 반려자
상상할 수도 없었던
사상누각처럼 무너져버린 지금까지의 아집

뒤늦게 알게 된 사람 사는 맛
하루하루가 쏜살같다고 그런다
혼자 보낸 세월

어쩜 억울해 할는지도 모른다

(2) 노총각 장가 가겠네

노총각 김 아무개 씨
한해가 저무는 동짓달에
혼기가 찬 신붓감을 만났다

서먹서먹한 시간이 지나자
밝아진 그의 얼굴
무슨 얘기들을 했을까

초겨울의 차가운 바람도 아랑곳없이
집으로 향하는 발걸음이 가볍기만 하다

"우짤라카노"
채근하는 노모의 성화에
입꼬리가 살짝 위로 올라간다

똥배

똥 받고 돈 받고
똥 주고 돈 받고
그런 장사 어디 있었겠냐마는
한때 있었다

엄두도 못낸 값비싼 비료
달리 방법이 없던 때라
부산에서 똥 싣고
몇 시간 배를 몰아
거제도던가 어느 섬에 가서 풀었다나

한 쪽에선 똥 치우고
그걸 받아 거름으로 쓰던
집집이 재래식 변소만 있을 때의 일이다

차와 낭만

한겨울
칼바람 부는 오후 한때

책방 골목
찻집 창가에 앉아

파문이 사라진 찻잔 속 수면처럼
눈을 감은 채 미동조차 없다

시름을 훌훌 털고
굴곡진 지난 세월을 반추해보는 여유
느긋한 미소가 온 얼굴에 번진다

아기의 웃음

까꿍!
아기가 웃는다

눈을 맞추는데도
얼굴 하나 안탄다

"고놈 밉상이제"
"너거 할매 떡장수냐?"

뭔 말인지도 모르는 아기가 웃자
어르던 사람들도 까르르

천진난만한 아기 웃음
그건 행복 바이러스

사투리 여행

낙동강을 사이에 두고
"했다 하데"가
"했다 카데"로

먼 길을 달려온 기차가
숨이 차 헐떡이며 넘던 산인고개
남강이 가까워지면서
"했다 쿠데"에서
슬그머니 "했뻿다 카데"로 바뀐다

섬진강을 건너고 나면
"했땅 께로"다
"했 뿌렀써"가 기다리고 있다

같은 말인데도
높은 재를 넘거나
큰 강을 건너면
달라지는 게 흥미롭기도 하다

머슴살이

(1) 설움

우직한 그가
꼴머슴을 면한 것도 아니고
그 나이가 되도록
장가 못 간 것도 서러운데
죽도록 일만 했다
천대받고 사는 걸 당연한 것으로 알고

천둥치고
장대비가 퍼붓던
하필이면 그런 날에

욕심 많은 영감태기를 업고
행여 헛디딜까
마음 졸이며 건넜던
물이 불어난 개울

세월을 이기는 장사 없다더니

간헐적으로 그르렁거리는
등에 붙은 기침소리

서운했던 생각은 사라지고
불현듯 연민의 정이……

(2) 체념

화창한 봄날
일마치고 돌아오던 고개 마루
동네를 한참 내려다보더니
오늘따라 하는 짓이 예사롭지 않다

두 다리를 쭈욱 뻗고
털썩 퍼질러 앉아
눈물도 말라버린
쏟아낸 신세타령

잠시 마음을 추스른 뒤
지겟다리를 두드리며

처억 한 곡조를 뺀다
누가 들어도 구성진 육자배기
그걸 어디서 배웠을까

씨익 웃고 일어서는 것이
외려 보는 사람의 눈시울을 뜨겁게 한다

그러나 어쩌랴
타고난 팔자인데……

매축지 사람들

부산을 불산으로 부를 만큼 잦던 큰 불
부산역이 그랬고
국제시장도 그랬다
이곳 역시……

어이없는 실화로
삽시간에 모든 것이 잿더미로 변했다

삶의 터를 잃어버린 사람들
넋을 놓고 있을 수만은 없어
그을린 땅에
천막을 치고
거적을 깔았다

일부는 구걸하러 나서기도 했다는데
배고픔만큼 서러운 게 또 있을까
겪어보지 않고는 모른다

끊어지지 않은 애옥살이의 고리
재개발도 비켜간
도시 속의 사각지대

넋두리에 이어지는 푸념
지난 세월의 아픔이 고스란히 배어있다

찌푸린 하늘
금방 소나기라도 쏟아질 것 같다

어느 어촌 아낙네

보릿고개라고 부르던
어려웠던 시절

어딘들 안 그랬을까마는
이곳도 매한가지

갓 시집온 새댁더러
못사는 친정에 기대느니
차라리 물질이나 하랬단다
그 말이 한평생 운명을 가를 줄을

거친 풍랑에
지아비마저 잃고
가난보다 더한
냉대와 수모를 받았던 서러웠던 세월

바다만 보고 살아온 수십 년
그게 엊그제 같다는데

먼 곳을 바라보던 그의 얼굴에
순간 스쳐 지나가는 세월의 아픔이……

상봉

참화는 피했지만
비켜간 세월
어언 예순다섯 해

보고 싶었던 얼굴
언젠가는 만날 거라는
희망 하나로 버틴 나날
살아 있어 고맙다는 말 한마디
심금을 울린다

기억을 더듬어
또박또박 옛 노래를 부르고
또 불러보고
초점 잃은 노인의 눈에
어느새 이슬이 맺힌다

놓치고 싶지 않은 순간들
긴 기다림

짧은 만남
기약 없는 이별
또다시 가슴에 피멍이

신판 마실

대낮
사방이 탁 트인 길가 쉼 터

안 노인네들이 둘러 앉아 세상 돌아가는
"카더라" 이야기에 여념이 없다
별로 새로울 게 없는 시답잖은 이야깃거리
그런데도 열을 올린다

옛날 같음 뉘 집 안방에 모여
동네방네 소문 갖고 쑥군거리며 보낼 시간

간간이 유행가 부르는 소리도 들린다
"~ ~, 사랑하기 딱 좋은 나인데"

한심한 사람들

(1) 이걸 문화재랍니다

항구가 내려다보이는 구봉산 중턱
이곳에 카페ㅊㄹ이란 이름으로 성업 중인 목조건물
그것도 버젓이 문화재란 명목으로

마당에 들어서자
윤기 흐르는 기와지붕이 먼저 눈에 띈다
집 안으로 발을 들여 놓는 순간
악!
이럴 수가
장지도 다다미도 다 덜어내고
얇은 널빤지로 이어붙인 천장만 남겨 두었을 뿐
주방은 말할 것도 없고
가구마저도

주거의 의미와 유산의 가치가 상실된 빈 껍데기
를 보는 것 같다

이대로 가다간 미구未久에 흔적 없이 사라질지도
모른다
이런 모습이라면 차라리 그게 더 나을는지도

창밖을 보니 맑은 하늘에 여시비가 내린다

(2) 문화 공감 수정

갯가에서 멀지 않았던 곳
터를 잡고 집을 지은 지 여든 해
한때 정란각貞蘭閣이라 이름 붙여졌던 일본 전통
가옥

주거의 시대적 의미가 훼손된 유락 공간
둘러대는 "활용과 공감"이라는 궤변
문화재라는 말이 무색해진다

보존해야할 가치
그건 현재를 살아가는 우리만의 것이 아닌 미래
세대에 넘겨줄 자산

의도된 걸까
아님 무지의 소치일까
아픈 역사의 산물이긴 해도 이건 아니다

금강송 金剛松

군송일목群松一木
많은 식솔食率을 거느린 할배(祖) 소나무

오백五百하고도 스무 해를 더 살고 있다
이곳에서 백 살百歲은 기껏해야 애송(어린 소나무)
이다

한양漢陽에 나랏님이라면
울진蔚珍 소광리엔 제왕 송帝王松이 있다

산

청량산을 뒤로하고 오른 만리산
호랑이가 어슬렁거려도 모를 깊은 산속
늦가을이라서 그런지 새벽공기가 무척 차다

한 발 가까워진 하늘
수많은 별들이 아득한 동심세계로 빠져들게 한다
알던 거라곤 북두칠성 샛별 정도였다
별똥별이 포물선을 그리다가 산 너머로 사라진다

여명이 새벽을 깨운다
동녘이 밝아오고
어둠에 싸여 희끄무레하던 산들이 서서히 제 모
습을 들어낸다

동이 훤하게 트자 능선이 또렷해졌다
우아 와불이!
어 이 첩첩산중에!
신비로워 멍하니 바라보다 경건한 마음으로 얼른

합장을 했다

산, 산 그리고 산
태백 황지에서 발원하여 예까지 흘러와
낙동강이란 이름을 달고 굽이굽이 돌아 바다로
간다

아름다워라

거센 비바람이 휩쓸고 지나간 자리에 핀 작은
들꽃
어떻게 견뎠을까
수다히 밟히기도 하고 꺾이기도 했을 터인데
끈질긴 생명력
가식 없는 아름다움
수줍은 미소가 눈길을 끈다

그림 한 점의 추억

아주 오래전
지리산 어느 계곡에서 처음 만난 수더분한 느낌
을 주던 생면부지
그날 우연히 또 한 번 더 만나게 되었다는 게 예
사로운 일이 아니라며 돌돌 말아 통에 넣은 유화
한 점을 내민다
쉽지 않은 일인데

숲을 배경으로 하여 그린 초가 세 채
집 앞엔 이름 모를 야생화가 활짝 피어 있고
지붕은 말끔히 새 단장을 했다
한가한 오후 한때 같다

저 집엔 누가 살았을까
지은 지 몇 해나 되었을까
아들에 그 아들에 자손은 얼마나 두었을까
지금은 어떤 모습일까
그대로 있기나 할까

그림을 다시 본다면 화가는 어떤 생각을 할까
지그시 바라보며 별의 별 생각을
깊어가는 가을밤에 그림 속에 빠져든다

섬나라 자연인

육지에서 멀리 떨어진 외로운 섬 무인도
이곳에 눌러 앉은 한 사내의 살아 온 사연이 눈물 겹더라

뭍의 생활을 접은 건 졸지에 닥친 재액
설상가상 아내마저 잃고
딱히 갈 데도 없거니와 등 붙일 곳이라곤 나고 자란 이곳 뿐
그때 흩어진 가족의 소식도 끊긴 지가 오래란다

자학하다시피 보낸 세월
오가는 사람 없는 일도일인一島一人 왕국이다

지난 세월의 아픔을 애써 감추려고 하지 않는다
간간이 눈가에 맺히는 물기에 덩달아 콧등이 찡해 온다

해가 떠오르자

주섬주섬 연장을 챙기고는
"부지런해야 산당께"
그저 지나가는 말 같아도 가슴에 와 닿는다
먹을거리가 지천으로 널려있다 해도 게으르면 굶어죽기 마련이다

전차

팬터그래프를 통해 받은 전압 600볼트 지상 궤
도 차량
빨라야 고작 시속 20킬로미터가 될까 말까
그래도 그 당시로서는……

늘어나는 대중교통에 밀려
전선을 걷고
레일을 뜯어내고
길을 넓혀
어디를 보아도 그때의 흔적을 찾을 수가 없다
한 시대의 획을 긋고
역할을 접었다

6·25사변 통에 임시수도 청사였던 옛 도청자리
한 귀퉁이
녹색의 쇳덩이가 눈길을 끈다
몇 번 탔을지도 모를 실물 그대로다

은행잎이 노랗게 물든 오후 한때
옛 전찻길을 따라 걸어본다
아직도 차장車長의 굵직한 사투리가 들리는 듯하다
"남포동 내리이소"

친구

기승을 부리던
꽃샘추위가 물러나고
가로수가 연녹색을 띤
마트 앞 정류장 부스

종종 만나는
옥이 순이 자야
머리는 희끗희끗
등은 약간 휘고
나잇살도 붙은
시골에서 같이 자란
소꿉친구들

오늘따라 유별나다
수다 떠는 재미에 폭 빠져
시간 가는 것도 잊고

여느 때 같음

벌써 자리를 떴을 텐데……

절밥

축원 기도가 끝나면
모두들 해우소解憂所를 지나
곧장 공양간供養間으로 간다

엄청 먹는 것 같은데도
배부른 표정들이 아니다

찬饌이라고 해야 고작 서너 가지
깍두기, 콩나물, 겉절이 들이다

어쩌다 나오는 인절미는
초장에 동이 난다

제발 잡숫고만 갔으면
절식節食도 수행 중의 하나라 하던데……

문수암

자란만紫卵灣의 유방동자乳房童子들
한 줄로 죽 늘어섰다

얼굴만 내민 채 꿈쩍도 않고
아무리 불러도 대답이 없다

망설임은
속세俗世에 대한 미련未緣 때문인가
출가사문出家沙門에 대한 번뇌煩惱인가

얼른 오지를 않고 뭉그적댄다

무이산武夷山 문수보살文殊菩薩은 아직도 기다리고
있는데……

운문사 사리암 邪離庵

가파른 비탈길을 지나
무지개다리를 건너
걸음마를 갓 시작한 아기 걸음으로
눈 쌓인 돌계단을 오른다

한발 한발 디딜 때마다
모시치마 바람에 스치듯
사각거리는 소리
꺾어진 길목이 잠시 발목을 잡는다

벗어버린 가지마다
눈꽃 옷을 입었다

누구를 기다린 듯
길 위를 서성이던 산새
푸드덕
정적을 깨고 훌쩍 날아가 버린다

천년을 지켜온 고즈넉한 암자庵子
골짝을 타고 흐르는 새벽 예불소리
나반존자, 나반존자, 나반존자, ……

불영사 佛影寺

물길 거슬러 굽이굽이
봉화奉化로 넘어가는 첩첩산중疊疊山中

용추(瀑布)에 머리 씻고
불영(폭포)에 발 담그고
동해안의 명소名所 천축산天竺山 천년고찰千年古刹

어제 내린 장대비에
콸콸거리며 흐르는 계곡溪谷의 물소리

전나무 숲이 산을 메우고
새소리가 하늘을 난다

해돋이 골에서 동해東海를 바라보며
의상대사義相大師는 무슨 생각을 했을까

비구니

무슨 업보로 중이 되었을까
아니라면 부처되기를 원했던지
길게 기른 머리카락 뭉텅뭉텅 잘려지고
예리한 삭도에 민머리가 되었을 때
눈물을 보이지 않으려고
부르트도록 깨문 입술

밤 깊은 산사
속가를 떠나 들어선 고행의 길
먹물 들인 승복에 경문 읽는 소리 낭랑하다
일렁거리는 촛불에 비친 앳된 얼굴
너무나도 고와서 처연하게 보인다

대원사 가는 길

오랜만에 찾은
가을색이 완연한 이곳
지리산 유평계곡

솔숲 오솔길의 풍취는 사라져도
골짜기를 흐르는 차고 맑은 물하며
온 산을 붉게 물들인 단풍이 그지없이 아름답다

낯선 길손에 놀랐는지 다람쥐 한 마리가 쪼르르
나무 위로 오른다

걸어서 산사로 간다
처음 올 땐 그렇게도 멀기만 하더니
대번에 닿는다

너무나도 달라진 절집 모습
새삼스레 원력願力에 대한 생각이

늦가을 산중의 해는 짧고
갈 길 먼 나그네라
길을 서두를 수밖에

다솔사多率寺 역

경전선 위의 한 점
한적한 시골의 작은 간이역

이름이 좋아 무턱대고 내렸다
하늘은 청명하고
벼가 누렇게 익어가던
먼 과거 속의 초가을 날에

환경이 변하면서 생활방식도 다양해지고 일거리도 많아졌다
자동차가 늘자 찻길도 넓혔다
느림과 불편을 느끼면서 기차를 타는 사람들이
점점 줄어들고
역은 격이 낮아진 무 배치 간이역으로 쇠락했다
역무원도 떠났다
역사驛舍도 헐리고 기적소리도 멎어버린 폐역
다솔이라는 말이 무색해진다

이미 빠름에 익숙해진 사람들
불과 얼마 전의 일을 잊고 산다
아주 먼 옛날의 일처럼……

성전암 가는 길

가파르고 꼬부라진 비탈길
몇 번인가 지그재그를 되풀이해도 암자는 보이질 않고
아래는 열길 낭떠러지
앞만 보고 가라는 무언의 주의 같다
한발 한발 디딜 때마다 행여 헛디딜까 등골이 써늘하다
앞뒤가 꽉 막힌 첩첩산중
누구든 언제든 이 길을 지나지 않고는 찾아갈 수가 없다

명부

(1) 부름

몹시 억울한 모양이다
전갈 한번 못 받고 불려왔다며 감히 어디라고 겁없이 투덜댄다
무려 세 번이나 연락했다는 말에 기가 차나 보다

심사에 앞서
"눈이 침침하지 않더냐?"고 큰 소리로 묻자
손등으로 눈을 비비며
"그랬습죠"

"가는귀에 말이 잘 들리더냐?"고 하자
뜸을 들이듯 한참 뒤에
"그게 어째서요?"

"그리고 네 말이 새기도 하고 오지잖다는 걸 몰랐더냐?"
"그땐 그게 그건 줄 미처 몰랐습니다요"

"이젠 알겠느냐?"

어이없다는 듯이 바라보다 한마디 더 보탠다
"미련한 곰탱이 같으니라고!"

(2) 생사여탈

"가만 있자… 어디 사는 누구더라?"
"가마골에서 온 아무갭니다"
"네놈 부르지도 않았는데?"
"사는 것도 그렇고 하는 일마다 되는 게 없어 눈 딱 감고 왔다 아입니꺼"
"머시라 카노? 여기가 맘대로 들락거리는 뒷간인 줄 아나? 니가 살았던 거기가 바로 극락이야!
우린 니들 세상 거지만도 못해
나가서 구천을 떠돌든지
부를 때까지 기다려라"

"저놈은 또 왠 놈이냐?"
"머리가 우지끈 한 뒤로 정신을 잃고 헤매다 여

기까지 왔다 카네요”
“어디 보자…”
‘다른 긴 몰라도 말 많은 게 탈이야
은근히 남의 속 후벼 파는 데는 일가견이 있군
자중할 줄 알아야지
열린 입이라고 함부로 세치 혀를 나불대
대강대강 하지’
구업
‘아무짝에도 못 쓸 놈
별놈들이 가지가지로 애를 다 멕이네’

(3) 약식 심사

오늘따라 만원이다

젊은 녀석 아직도 술기운에 정신 줄을 놓고 있다
“사연이나 들어 보자
필름이 끊어져 모른단 말이지?
깨어 보니 여기다
여러 번 경고를 했는데도 그걸 까먹어?

친구 따라 강남 갔다 오던 중이었다
여긴 염라국이야 염라국"

'뒤바뀌었구나!
돌려보내긴 너무 늦고
할 수 없지'
간혹 착오가 있는 모양이다

볼멘소리가 나온다
"심사가 끝나려면 족히 몇 십 년은 걸리겠군"

(4) 정식재판

한 명이 불려 나와 심판대에 섰다
고리대금업자
"할 일이 그렇게도 없어 그 짓을 해?"
"급한 불 꺼준 것도 죄가 됩니까?"
"죄가 되지를 않지
그렇지만 네놈은 달라
정도를 넘어도 한참 넘었어
일 년에 원금의 서너 배를 받아먹어?

네놈이 돈 방석에 앉아 시시덕거릴 때 많은 사람이
흘린 피눈물… 그걸 생각이라도 해 보았나?
염라국에선 가장 중벌로 다스리는 게 돈 놀이야!
저놈 가두어라!
고얀 놈 같으니라고!"

낙동강 하구

멀고먼 여정旅程 굽이굽이 돌아 칠백리길
에서 여행을 끝내고 이름을 접는다

그 끄트머리 팽이바다
말만 들어도 등골이 오싹하다
강과 바다가 만나 한판 힘 겨루던 곳
지금은 어수룩해도 옛날엔 이름값을 했다

이곳 사람들 강과 노래하며 의지하고 살았다
간간이 밥상에 오르던 낙동김
새벽 골목을 깨우던 하단下端 제첩
기억에서 사라져간다
그러나 명호鳴虎 대파는 아직 건재하다

그뿐이랴
연인들이 걷던 백사장의 달빛
바람과 함께 노래하고 춤추던 갈대들의 군무群舞
황홀하리만큼 장엄한 몰운대 일몰日沒들

세월이 지난 지금도 우리들 가슴을 설레게 한다
을숙도乙淑島 철새들이 비상하는 모습은 아직도
장관壯觀이다

바다는 잠잠하다
언제 심통을 부릴지 아무도 모른다

불모산 佛母山

소나무 사이로 빠끔 얼굴을 디밀던 하늘
귀를 간질이던 새소리와 물소리
그리고 바람소리
이젠 만나볼 수 없는
추억 속에 묻힌 그림이다

오순도순 살아가던 잿점 마을도
근처 밤나무 밭도
개발이라는 미명하에
일찌감치 헐어 버렸다

절(寺) 찾아가던 오솔길은
신작로新作路처럼 휑하게 뚫리고
사월 초파일이라도 되면
절집 앞은 몰고 온 차들과 사람들로
북새통을 이룬다

재(嶺)를 넘나들 때

소주잔과 콩자반을 앞에 놓고
잠시 쉬어가던 허름한 산막山幕은
언제부턴가 요상한 이름으로 변했다

어이 할꼬!
무지無知가 지은 이 업業을
누가 어떻게 안고 갈 것인가
부처님도 화가 나면
돌아앉는다고 했는데……

자갈치

관해觀海[1)]는 기억에서 멀어져도
너는 용케 버티었구나
너의 출생은 자갈 마당

왼쪽엔 봉래산蓬萊山[2)] 오른쪽엔 천마산天馬山[3)]이
사이좋게 앉고
등 뒤론 송현산松現山[4)]이 병풍屛風을 쳤다

봄이 오면 도다리로
가을이면 전어錢魚로 사람들을 불렀다

전란戰亂의 와중에도 평온했던 이곳
큰 배(船) 지날 때 영도다리 끄덕 들어 전차電車길
을 동강내고
점占바치 관상쟁이들 다리 밑에 진을 쳤다
한때는 이곳에서 도라지를 타고 밤새껏 달려
제주도로 갔다

뚜우뚜우 출항을 알리는 뱃고동 소리
끼루룩거리는 갈매기의 울음소리는
예니 지금이나 언제 들어도 정겹기만 하다

1) 부산광역시 남포동 일원
2) 영도전체(할배봉 아비봉 손자봉)
3) 암남동 송도 뒷산
4) 용두산의 옛 이름

노루재 가는 길

잠시도 한눈을 팔 수 없는 가파른 에스S자字 고갯길
스티어링 휠을 단단히 잡고
브레이크와 가속페달을 번갈아 밟는다

비(雨)라도 만나면 어쩌나 했는데
다행히 날씨가 부조扶助를 한다

소광리를 지나 소천小川땅이다
법전法田으로 가는 데는 노루재를 넘어야 했다
트럭이라도 마주치면 애를 먹었다던 좁은 찻길
이젠 인적人跡마저 뜸한 멈추어버린 옛길이 되었고

터널을 뚫고 새로 닦은 넓은 길
여느 길과 다름없어 아쉽기만 하다

반쯤 내린 문 사이로 소슬바람이 비집고 들어온다
바람에 묻혀온 짙은 솔향기
긴장緊張과 피로疲勞가 단숨에 가신다

회룡포 回龍浦

산자락을 잡고
용꼬리(龍尾)처럼 길게 이어지다 멈춘 끄트머리

앞을 가로 막아선 암벽岩壁
물길은 걸음을 늦추고 맴돌기를 한다

어디로 갈거나
잠시 쉬다 가는 물래치기

지척咫尺에 두고
멀리 둘러서 예까지 왔다

사람들은 물돌이라고도 부르네

백운포

여인의 자궁子宮 같은 곳에
신선神仙들이 무얼 하고 놀았을까

짜그르르 자갈 구르던 소리
아직도 귀에 생생한데
그 흔적痕迹조차 찾을 길 없다

잊고 살아온 긴 세월
잃어버린 서글픔일까
앗긴데 대한 분노일까
나그네의 빈 가슴 속을 아리게 한다

그때는 다들 어렵게 살았다
하늘을 올려다보며
고래고래 고함을 질러도
치기어린 투정으로 말없이 받아 주곤 했다

산바람 파도소리에

찌든 고달픔을 날려 보내던 것이
바로 엊그제 같은데……

구룡포 九龍浦

호미곶과 이웃한 곳
주렁주렁 집어등을 달고
줄지어선 고깃배들
누가 뭐래도 동해안의 큰 항구다

왜정과 함께 눌러 앉은 일인日人들
그들이 살다 떠난 길거리의 일부이긴 해도
옛 그대로 남겨 놓은 게 그나마 다행이다
좁은 골목길을 걷는데
게다(왜 나막신) 끄는 소리가 들리는 것 같다
작은 철공소가 눈길을 끈다
기계라곤 낡은 선반旋盤과 볼반(穿孔機)
그것들을 다루는 주인의 손놀림이 예사롭지가 않다
공원으로 가는 계단을 오르니
탁 트인 바다와 읍邑시가지가 한눈에 들어온다
왜식 기단 위 덮어버린 비문碑文의 비석
무슨 내용인지 알 길이 없다
시대의 아픔은 아픔대로 보여주는 것이 좋을 텐데

미포(海運臺)

방금 청사포를 지나온 열차도
길게 이어진 철길도
추억 속에 묻힐 그날이 가까워진다

해안을 덮었던 해무가 엳어져
오륙도五六島가 살짝 얼굴을 내밀긴 해도
안개가 걷히려면
햇살이 두터워질 때까지
한참을 기다려야 한다

혹을 붙인 자라목 같은 동백섬
차들로 북적대는 달맞이 길
백사장도 야금야금 쪼그라들고
솔밭도 몸살을 앓기는 마찬가지
그것들이 사라진다 해도 이름만은……

운문령

국도 24호선을 빠져나와
상북 길목에서 반 마장 정도 달리다 보면
두 갈래 갈림길을 만난다
왼쪽으로 방향을 틀어
꾸불꾸불한 비탈길을 오르는데
엊그저께 내린 첫눈으로
한눈도 팔 수 없는 위험한 순간들이
곳곳에 도사리고 있다

고개 마루에 올라서니
엉성하게 지은 찻집이 길손을 반기는데
오래전부터 이곳에 자리를 잡았단다
창문너머 보이는 봉우리를 덮은 하얀 눈도
잠깐 머물다 떠나는 구름 같은 것
따끈한 갈근차 한잔에 긴장을 풀고
다시 길을 잡는다

송도 해수욕장

남지나해의 바닷바람이
육지에 닿은 후
머무적거리다가
솔밭 사이로 사라진다

1913년 개장 이래 어언 일백년
사라호에 찢기고 매미에 할퀴어도
오뚝이처럼 일어섰다
오염의 복병을 만나
세간의 관심에서 멀어졌던 한때의 불명예
그게 다가 아니다
슬그머니 지워버린 한 점 거북 섬
등어리에 타고 앉은 조잡스런 구조물
천혜의 아름답던 풍광을 잃었다
착잡한 심정으로 발길을 돌린다

청산도의 봄

찌푸렸던 하늘이 활짝 열렸다
나지막한 산마루에 봄 햇살 내려앉고
짭짜름한 바닷바람이
완만한 비탈길을 타고 오른다

좁은 언덕길을 사이에 두고
녹색으로 물든 청 보리
군데군데 노오랗게 유채꽃도 피었네

걸음을 멈추고 바라본 맞은편 산허리
썰물이 지나간 모래톱의 자국처럼 마치 한 폭의
그림 같다

발아래 펼쳐진 쪽빛 바다
포구에 닻을 내린 크고 작은 배들
봄 향기에 취했는지 흔들거린다

남도의 작은 느림보 섬 청산도

냉기가 밀려난 땅 위로
아른아른 피어오르는 아지랑이
봄기운이 완연해지고 있다

순천만 갈대밭

하늘이 있고 땅이 있고
굽이굽이 휘돌아 나온
동천과 옥천
둘이 만나 바다로 흘러든다

수백 년 아니
그 이전부터 생겼을 것 같은 갈대밭
군락사이를 누비며
유유히 노니는 철새들
평화스러운 한낮이다

갯바람이 분다
쉬익 쉬이익
그건 갈대가 들려주는
아름다운 노래 소리

물이 빠진 갯벌에
꾸불꾸불 이어진 강

처음 보는 바다 속 물길
신비하기만 하다

승천하지 못한
용의 머리를 밟고 서서
서쪽하늘에 지는
해넘이를 바라본다
저녁노을이 일대 장관이다

주상절리 파도 길

줄지어 선 기둥모양의 바위
비스듬히 누워 있기도 하고
꼿꼿이 서있는 것도 있다
차곡차곡 쌓아 놓은 들보 같은 것도 보이는데
뭐라 해도 부챗살 절리가 압권이다

밀려온 물을 담아
연못이 된 물구덩이
객석이 갖추어진 작은 수영장 같다

파도 소리를 들으며 산책로를 걷는데
눈에 잡힌 삐쭉 솟은 종鐘처럼 생긴 바위
그 위에 소나무
얼마나 살았을까
뿌리는 어디까지 뻗었는지
거센 해풍에 용케 견딘 질긴 생명력
경이롭기만 하다

곰배령

점봉산
곰이 배를 턱 내놓고
하늘 보고 벌렁 누운 형상이란다

징검다리 사이로 흐르는 물에 손을 담그니
봄이긴 해도
차가운 기운이 뼈 속까지 스며든다

겨우내 눈 속에 묻혀 있다 지천으로 핀 이름 모를
꽃들
뭇사람의 눈길을 끈다

달짝지근한 참꽃을 씹으며 재 넘던 아낙네들
지루한 줄 몰랐겠다

계곡을 따라 걷기를 두어 시간
고개 마루에 올라서서 산세를 살펴보니

딛고 선 자리는 곰 배때기 같고
앞에 보이는 산꼭대기는 대가리를 닮았다

첩첩산중 고산준령인 줄 알았는데
그렇게 가파르지 않아 수월하긴 하다만……

감내 마을

감천만이 보이는 이곳
집단으로 이주한 사람들이 터를 잡았다
힘겨웠던 하루하루
궂은일 가리지 않고 빈천하게 살았다
고개 너머 아미동 언덕배기도 못살긴 마찬가지

대충대충 판때기를 깔고
그 위에 엉성하게 덮어 얹은 지붕
부엌문을 열고 나오면
바로 좁은 골목길인 것이
그때나 지금이나 그대로다

다닥다닥 집들이 붙어 있어도
길은 어느 곳으로도 막힘이 없고
앞집에 가려진 뒷집은
어디에도 찾아볼 수 없는 게
그저 신기하기만 할 뿐이다

부근에 세워진 화력발전소
그곳에서 나오는 퀴퀴한 연기냄새
바람 타고 날아온 그을음이 동네를 뒤덮어도
항의 한번 제대로 하지 못했다
그때는 다 그랬다

물 긷기가 쉽지 않던 시절
그나마 천덕수天德水라 부르던 우물이 있었기에
망정이지……

알록달록 칠한 페인트
보기엔 좋다마는 옛 모습이 아니다

시장 통 사람들

부산 사는 아지매들
어디다 하면 금방 알만한
이름난 재래시장
먹거리가 되는 재료는 없는 게 없다

반백년도 훨씬 이전 그 옛날부터 장이 된 이곳
도붓장사나 다름없는 작은 좌판을 펴고
진종일 노천에 쭈그리고 앉아
이떨 땐 날이 어둑어둑 해서아
겨우 떨이를 하고
서둘러 자리를 뜨기도 했다
때 절은 앞치마
닳아버린 고무신
낡은 무명옷
점심 거르기가 다반사였던
난전에 의지하고 살았던 이곳 사람들

건물이 들어서고

점포가 늘어나긴 해도
비바람이 들치던 시장 안 골목
사이사이 투명 지붕을 잇댄 덕에
채광이 좋아 밝기도 하거니와
새 단장을 해 몰라보게 달라졌다

손님만 보고 억척같이 살아 온 사람들
장사 말고는 어떻게 살았을까
회색으로 바랜 머리칼과 주름진 얼굴
그건 숨길 수 없는 세월의 흔적이다
살아온 삶의 이력
거칠어진 손등에 고스란히 배어있다

우암동 소막사

일제 강점기
소 수탈을 위해 지은 대규모 막사
인근 지방에서 끌려온 우공들
검역을 마치고
바다 건너 일본으로 실려 갔다
말 못하는 짐승들이라 해도 슬피 울었으리라

그들이 말하는 대동아전쟁
패한 그들은 떠나가고
방치된 빈 막사만 남았다

한국전쟁으로 인한 실향민들
흥남 철수 때 거제도를 거쳐 이곳으로 왔다는데
평안도나 서울사람들도 더러 있었단다

집단생활이 시작된 소들이 머물던 막사
엉성하게 칸막이를 만들고
헌 이불과 가마니로 대충 가렸다

전쟁 끝나기만을 기다린 기약 없는 날들
양지바른 곳이라 해도
매섭게 불어오는 바닷바람
그때의 겨울은 유난히도 추웠단다
그 후로 눌러 앉은 사람들도 간혹 있긴 했지만
대부분 살길을 찾아 뿔뿔이 떠났다

주변에 공장들이 들어서고
막사를 개축해서 만든 다락방까지도
늘어난 근로자들의 숙소가 되기도 했다는데
일부 잔해만이 남아 있을 뿐
그 당시의 모습은 찾을 길이 없다
환풍구 하나가 눈길을 끈다

소래포구

밑 빠진 독처럼
물이 빠져나간 바다
속살을 드러낸 개펄 위에
배 한척이 비스듬히 누워있다

뱃사람 보이지 않는 갯가
썰렁하기만 하다
방치한 협궤잔해가 눈에 거슬린다

이름만 듣던 소래포
발을 들여놓자마자
옛 자갈치가 생각난다
호객꾼의 고함소리도 귀에 설지 않다
삐뚤삐뚤하게 "국내산"이라고 갈겨쓴 팻말
일부러 그렇게 써놓았는지도

발길을 돌리려는데
갈 길 바쁜 길손의 발을 잡는다

우짜노 그냥 가기엔
소주 한잔 걸치는 꽃게탕
그 맛이 그저 그만이라는데

외양포

가덕도 남단
작은 갯마을이 보이는
꼬불꼬불 비탈진 고개 마루
아름드리 노송이 터억 버티고 서있다

포대진지였던 나지막한 구릉
일제가 남긴 역사의 현장
司令部發祥之地라고 음각된 낡은 비석에서
그들의 야욕을 짐작케 한다

왜병들이 머물었던
외벽에 함석이 덧대어진 퇴락한 막사 건물
도르래를 매달았던 우물도 보인다

강압에 의해 쫓겨나
지척에 두고도 갈 수 없었던
통한의 세월 서른여섯 해

해방과 함께
시간이 멈추어버린 과거
개발과 보존이라는 해묵은 갈등이……

산을 오르자
앞 바다가 한 눈에 들어오고
신 항을 오가는 대형 컨테이너선이
마치 떠다니는 작은 섬 같다

두타연 頭陀淵

최전방이라곤
믿기지 않는
여기가 비무장지대 DMZ란다

여느 곳과 다름없이 평온하기만 하다

아직도 끝나지 않은 전쟁
아물려고 하는 상처
덧나지나 않았으면

나뭇잎 하나가
징검다리에 걸려 맴돌다
물살에 밀려
떠내려간다

소沼는 그대론데
절집은 온데간데없고
이름만 남았네

완월동* 玩月洞

짙은 화장化粧 속에 감추어진 앳된 얼굴들
다소곳이 앉아 손님을 기다린다

이곳을 찾는 데는 노소老少 귀천貴賤이 따로 없더라
날품팔이 홀아비는 그렇다손 치더라도
마나님 눈치 보며 헛 점잔을 빼던 늙정이
가을 해가 길다고 투정을 부린다
빡빡 깎은 산중거사山中居士도 춘심春心이 발동하여
밤꽃의 향기를 맡고

필요악必要惡
도시가 커지면서 생긴 부산물副産物
정화淨化라는 된서리에 자갈밭에 빗물 튀듯 뿔뿔이
흩어졌다
딱히 갈 데도 없는데……

동네 체면 구겼다고 이름까지 지웠단다
완월玩月이라는 그 이름에 무슨 잘못이 있다고

---

* 부산광역시 초장동 일부와 충무동의 옛 지명

포푸라마치

기차역 주변
독버섯처럼 피어나
잡초처럼 번진 인간시장
갈데없는 그들이었기에
무턱대고 이곳으로 흘러들었다

겨우 속옷만 걸친 반라
짙은 화장에도 드러난 애 티
이름도 나이도 과거도
묻지 말라던 그들
놀다 가세요
잘해 줄게요
그건 허공에다 대고 부르짖는 처절한 절규다

동네는 원래 모습을 되찾았고
그들은 짐을 싸고 떠났다
어디로 갔는지 아무도 모른다

누가 이 사람을

시정잡배市井雜輩의 객쩍은 허풍虛風
작부酌婦의 간드러진 코맹맹이 소리
한 데 뒤섞여 좁은 공간을 타고 흐른다

가식假飾의 허울로 포장包裝을 하고
하루하루를 살아가는 질곡된 삶

가슴에 응어리 진 그들만의 사연
세상을 향해 쏟아내고 싶어도 참을 수밖에

차가운 웃음은 사발을 채우고
한 맺힌 눈물이 잔속에 고인다

살아온 길이 다를 뿐 세상사 매한가지
진흙 속에서 피는 연꽃도 있는데……

두•번•째•이•야•기

봄비 그친 뒤 따스한 햇살이

찻잔 속의 봄

매화 진달래 목련들이 어우러진 찻잔 속의 봄
찌는 듯한 염천에도
살을 에는 엄동설한에도
낙엽 지는 가을에도
너울너울 꽃향기가 춤을 춘다
봄은 항시 내 곁에 있다

고향 실개천

저 산을 돌아가면 성큼 다가오는 게 있다
내 안태고향이다
큰길을 두고 뺑뺑 둘러 가는 건 어릴 적 추억이
이곳에 담겨 있어서이다
야산 옆구리를 감듯이 흐르는 실개울은 강을 찾
아 간다
지천으로 널려있던 피기하며
물오른 송기도 그 맛이 일품이었다
오만 생각이 다 난다
고향은 내 어머니의 품속 같다

봄을 기다리는 마음처럼

시간 여행길에 지나치는 역들
저만치 멀어진 고희역에 이어 희수역이……

나무가 봄을 맞으려 움켜진 잎사귀를 떨궈내듯
나를 감싼 허물을 벗고……

소찬

띄엄띄엄 이어진 집들
마당 한가운데 자리한 낡은 평상

책장을 되넘기듯 지난 세월을 걸어 내본다
꽁보리밥만 바뀌었을 뿐
찬이라고 해야 손수 가꾼 푸성귀와 산나물이 고작이다

그때나 지금이나
진수성찬이 따로 없다
정성으로 버무린 손맛에 구미가 당긴다

한해가 저무는 때에

찬바람이 부나 했더니
어느새 햇살이 문턱을 넘어 방안 깊숙이 들어선다
아아! 벌써 한 해가 저무는구나
가는 세월이 밉기만 하여라

숲길을 거닐며

새들도 잠이 덜 깬 동트기 전
귀를 거스르던 소음은 점점 멀어지고
숲은 먼지를 거른다
좀 울퉁불퉁하기는 해도 걷는 재미가 별다르다
움츠렸던 가슴을 활짝 펴고 심호흡을 해보는데
작은 근심걱정까지도 싸악!
보약이 따로 없다
잠깐만이라도 새털처럼 가벼이 날아갈 것만 같다

귀여운 거짓말

로미오와 줄리엣을 읽어봤니?

응! 로미오는 읽었는데 줄리엣은 아직……,

그럼, 볼프강 아마데우스 모차르트는 아니?

내가 알기론 볼프강과 아마데우스도 모차르트만

큼 유명한 작곡가야!

그래??

경주를 가다

마치 한 권의 역사서다
길을 걸으면서 머언 과거 속의 세월을 읽는다
산도 그대로 절도 그대론데 여길 올 때마다 감회
가 새롭다

신라왕조의 고도 서라벌
한때는 이곳에서 백만 명이나 살았다나
찬란한 문화를 꽃피었던 그들
돌 하나하나에도 과학과 기술이……
그 규모나 정교함에 감탄이 절로 난다
생각만 해도 마음이 푸근해지는 와당의 미소
경주는 보물이다

고찰 너마저

승려들이 정진하는 참선도량
속세를 닮아간다
모두가 부질없는 짓
흐르는 시냇물 소리는 음악이요
매끄러운 반석은 세월이 만들어준 조각품인데
왜들 이러시나
혼란스럽기 그지없다

---

* 경주와는 무관함

서글픔

이른 초겨울 해는 뉘엿뉘엿
따끈한 장국에다 한 순배 걸친 동동주에 갈 짓자 걸음이다
사립문을 들어서면서 혼자 포식한 게 그나마 마음 한 구석이 켕기는지 얼른 자리를 피하려는데
아낙의 눈길이 서방의 손에 머무는가 싶더니 이내 머언 하늘을 올려다본다
우째 저럴 수가
썩은 갈치대가리도 없다
축단을 내려선 강아지 녀석 눈치 없이 꼬랑지를 흔들어대고……

어떤 죽음

소한 대한이 맥없이 물러가도 꽃샘추위가 만만찮
게 기승을 부린다
하늘마저 흐려 음산하기까지 하다
게다가 비까지 내린다

더러 있었던 먼 과거 속의 이야기도 아니다
집도 절도 없이 떠돌며 노숙하던 행려
추위 배고픔 그리고 졸음
어느 장사가 이겨낼까
그게 변고의 원인이었으리라

산사의 목탁

암자가 숲에 가려 모습을 감췄다
바람 한 점 없어
한발 한발 디딜 때마다 턱턱 숨이 찬다

첩첩산중 기도도량
아침예불은 시작되고

절집에 새 식구가 늘었나보다
티 없이 맑고 고운 민얼굴
손에 쥔 염주가 하나씩 넘어간다
낭랑한 독경소리가 긴 여운을 남기는 건 왜일까

순애

인가에서 멀리 떨어진 산간오지
떠난 아내를 그리워하는 초로의 한 남자
지나간 날을 회상하며 끝내 눈시울을 붉힌다
첫사랑으로 만나 수십 년을 함께한 친구 같은
반려
그를 데리고 간 하늘이 야속하기만 하단다
아직도 억장 무너지던 그날을 잊지 못한다고 했다
어미젖 갓 땐 강아지가 촐랑거리며 재롱을 떤다
말 못하는 짐승이 무엇을 알까

남벌

장대비가 퍼붓던 날
그는 통곡했다

옷이 찢겨지고 살갗엔 생채기가 났다
할퀸 자국은 도랑이 되고
떨어져나간 살점들은 사정없이 떠내려갔다
얼굴은 창백해지고 육신은 피폐해졌다

장대비가 퍼붓던 날
그는 통곡했다

아침

산봉우리가 불덩이를 밀어올리고
동녘은 치장을 한다 고운 치자색으로
이에 질세라 실루엣 같은 능선이 자태를 뽐내는데

웅성웅성 거리가 술렁인다
아침을 여는 사람들에 이어 바쁜 차량행렬이 줄을 잇는다

미망

바다가 일렁인다
솔가지에 걸터앉아 잠시 쉬어가던 바람이 흠칫
놀라 떠날 채비를 한다
운무가 에워싼다
물기를 머금어 눅눅해진 바지저고리가 몸에 착
달라붙는다
어디가 어딘지
캄캄 그믐밤도 이러지를 않았는데

뿌우연 장막 너머에서 뻘쭈럼이 고개를 내미는
은빛물결
기를 쓰고 보려 해도 보이지를 않던 것이
그게 실상인지 헛것인지

일흔일곱 그리고 열여섯

초판인쇄 | 2020년 5월 12일
초판발행 | 2020년 5월 15일

저　　자 | 이수종
편집책임 | 심진성
발 행 인 | 이성범
발 행 처 | 문운당

주　　소 | 서울시 종로구 혜화로5길 16 (명륜1가 45-3)
전　　화 | (02)762-6010
팩　　스 | 영업 (02)745-0265 / 편집 (02)762-8758
홈페이지 | http://munundang.co.kr
이 메 일 | 영업 munun2@chol.com
편집 munundang@naver.com

ISBN 979-11-5692-488-3 03810

정가 12,000원